LE MANS. 27 MAI 1912

Collection de Feu M. Adolphe SINGHER

SCULPTURES EN PIERRE

GRILLES EN FER FORGÉ

Importante Poutre sculptée du XVe Siècle

OBJETS DIVERS

DU MOYEN AGE & DE LA RENAISSANCE

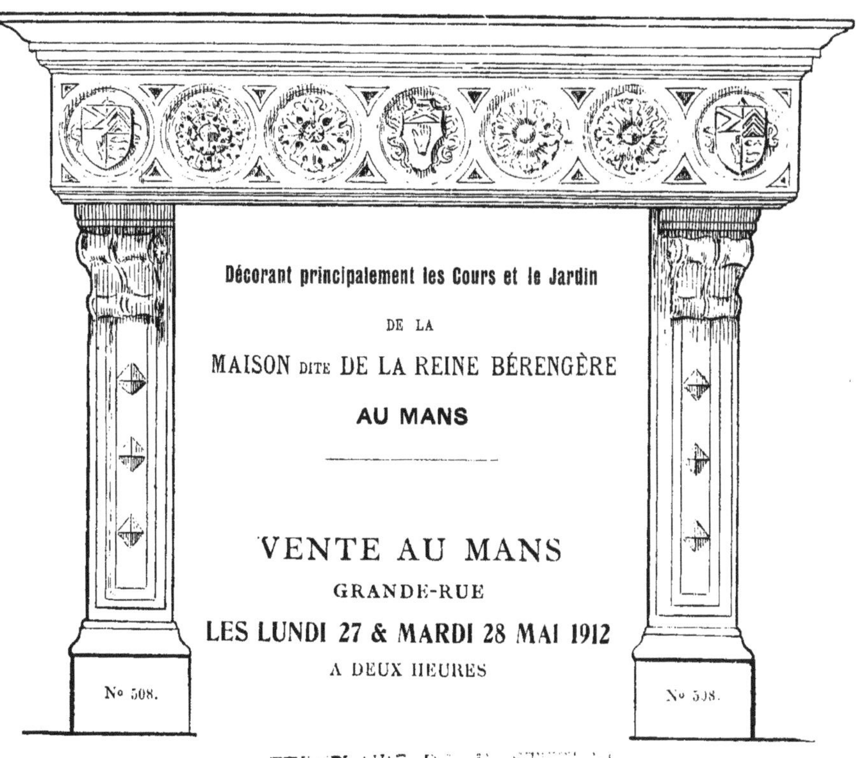

Décorant principalement les Cours et le Jardin

DE LA

MAISON DITE DE LA REINE BÉRENGÈRE

AU MANS

VENTE AU MANS

GRANDE-RUE

LES LUNDI 27 & MARDI 28 MAI 1912

A DEUX HEURES

CATALOGUE

DES

Sculptures en Pierre

STATUES, GROUPES, BAS-RELIEFS, FRISES

COLONNES, CHAPITEAUX, CORBEAUX, PILASTRES

GRANDE CLOTURE DE BAIE DE CATHÉDRALE

PORTES, CHEMINÉES, ETC.

GRILLES EN FER FORGÉ

Importante Poutre sculptée du XVe Siècle

BOIS SCULPTÉS

OBJETS VARIÉS

DU MOYEN AGE ET DE LA RENAISSANCE

Décorant principalement les Cours et le Jardin

DE LA

MAISON DE LA REINE BÉRENGÈRE AU MANS

Dont la Vente après Décès de ***M. ADOLPHE SINGHER***

AURA LIEU AU MANS, GRANDE-RUE

LES LUNDI 27 ET MARDI 28 MAI 1912

A DEUX HEURES

Par le Ministère de

MM LES COMMISSAIRES-PRISEURS DES VILLE
ET ARRONDISSEMENT DU MANS

Assistés de

Me **ROBERT BIGNON**, COMMISSAIRE-PRISEUR, à Paris

Et de **M. HENRI LEMAN**, EXPERT EN OBJETS D'ART, 37, rue Laffitte, à Paris

---

EXPOSITION PUBLIQUE : MAISON DE LA REINE BÉRENGÈRE, GRANDE-RUE

LES SAMEDI 25 ET DIMANCHE 26 MAI 1912

De deux heures à six heures

CONDITIONS DE LA VENTE

Elle sera faite au comptant.

Les adjudicataires paieront *dix pour cent* en sus des enchères.

L'exposition mettant le public à même de se rendre compte de l'état et de la nature des objets, aucune réclamation ne sera admise une fois l'adjudication prononcée.

Les acquéreurs auront un délai de trois semaines pour procéder à la dépose et à l'enlèvement des objets, à leurs frais, risques et périls, les Commissaires-Priseurs et l'Expert déclinant toute responsabilité au sujet des avaries et accidents pouvant arriver auxdits objets, et aux accidents ou dommages qui pourraient être causés à des tiers.

Paris. — Imp. de l'Art, Ch. Berger, 41, rue de la Victoire.

PRÉFACE

Groupé au sommet de la colline qu'enserrent les intéressantes ruines des remparts gallo-romains et que domine la belle cathédrale de Saint-Julien, le « Vieux Mans » conserve un pittoresque ensemble d'anciens hôtels aux silhouettes élégantes, de maisons du Moyen âge et de la Renaissance.

La Maison dite de la Reine Bérengère *est la plus célèbre de ces maisons, et, depuis longtemps, l'une des plus remarquées.*

Sa charmante façade « gothique » a même fait supposer aux premiers « antiquaires » de l'époque « romantique » qu'elle avait été habitée par une reine, la reine Blanche, *ou mieux, la reine* Bérengère, *veuve de Richard Cœur de Lion, dame du Mans au XIIIe siècle, dont les nombreux bienfaits ont fait vivre le souvenir parmi les Manceaux. L'hypothèse n'est appuyée par aucun document historique : elle repose, croyons-nous, sur une simple confusion de styles, mais elle explique ce nom de* Maison de la Reine Bérengère, *si connu et si populaire que, pour notre part, nous avons toujours refusé de l'abandonner (1). On sait seulement que l'emplacement appartenait à la fin du XIIIe siècle aux chanoines de la cathédrale, qui le vendirent ensuite à la famille du Temple (2).*

En fait, dans son état actuel, l'édifice a été bâti, de 1495 à 1510, par l'un des premiers échevins du Mans, Robert Véron, descendant des du Temple, et habité, au XVIIe siècle, par le conseiller au Présidial Le Corvaisier de Courteilles, un des plus anciens historiens du Maine, auteur d'une « Histoire des Evesques du Mans » *parue en 1648 (3).*

Au point de vue architectural, son grand intérêt est d'offrir un précieux spécimen des maisons, moitié en pierre,

(1) Dans la même rue, à quelques pas plus loin, se trouve bien une maison du XVIe siècle dite *Maison d'Adam et Eve !*

(2) M. l'abbé Denis, *Thorigné féodal*, dans la *Revue historique et archéologique du Maine*, 1903, tome LIII, p. 280.

(3) Voir la notice que nous avons publiée en 1892 : *La Maison dite de la Reine Bérengère au Mans* ; Le Mans, Pellechat ; Mamers, Fleury et Dangin, in-8° jésus, de 108 pages, avec gravures, plans et dessins.

moitié en bois, construites encore dans le style « français » à la veille de la Renaissance ; et surtout un rare spécimen de « pan de charpenterie » richement décoré.

C'est au mois d'octobre 1891 que M. Adolphe Singher, un ami dévoué du vieux Mans, acheta la maison dite plus spécialement Maison de la Reine Bérengère *(n° 11 de la Grande-Rue) et la maison contigüe (n° 9), postérieure de quelques années, qui étaient tombées, l'une et l'autre, dans un état de dégradation lamentable. Il en commença aussitôt la restauration et la termina en juin 1892, date où il eut la généreuse pensée de loger dans ces maisons la* Société historique et archéologique du Maine.

Témoin impartial d'une restauration que nous n'avons point dirigée, nous sommes particulièrement en droit de protester aujourd'hui contre certaines allégations émises récemment dans un journal parisien. A l'exception de la baie du rez-de-chaussée de la façade, rétablie sur un plan différent de l'ouverture primitive, aucune modification n'a été apportée à l'édifice. Retrouvées par un hasard vraiment extraordinaire, après soixante ans, dans les greniers du château de Sacy (Orne), les très intéressantes statuettes des pans de bois sont revenues y prendre leurs places originales, ainsi que le superbe meneau de la fenêtre du n° 9 qui avait été recueilli au musée de la ville. Seules, les fleurs de lys des colonnettes, grattées à la Révolution, et la partie supérieure d'une fenêtre ont dû être refaites. Mais, dans l'ensemble, tout ce qui subsistait, on peut le dire, a été intelligemment respecté et la restauration des n°s 9 et 11 a été aussi scrupuleuse que possible. Archéologues et architectes peuvent donc trouver dans la Maison dite de la Reine Bérengère, *pour l'histoire de la construction civile, des documents d'une authenticité absolue, entre autres des modèles de « pans de charpenterie » d'une conservation parfaite.*

Encouragé par les légitimes éloges qu'il reçut de tous côtés, M. Adolphe Singher ne s'en tint pas à la restauration de ces deux premières maisons. Il compléta bientôt son œuvre par l'acquisition de plusieurs maisons voisines et par la création d'un square sur l'emplacement de masures modernes ; puis, après avoir confortablement installé la Société historique et archéologique du Maine *dans l'une des nouvelles annexes, il transforma peu à peu la* Maison dite de la Reine Bérengère *en un musée d'objets d'art du Moyen âge et de la Renaissance.*

M. Adolphe Singher n'était pas un novice en fait de collections. Amateur d'art d'un goût très sûr et très fin, il avait déjà formé cette belle collection de faïences dont la vente publique à l'hôtel Drouot, épreuve parfois redoutable, faisait ressortir, il y a deux ans, dans des conditions inattendues, la haute valeur.

Avec la même passion artistique, le même goût et le même « flair » toujours heureux, M. Adolphe Singher se donna au culte des arts du Moyen âge et se laissa entraîner à former, dans ses Maisons dites de la Reine Bérengère, *une collection plus importante encore ; nous dirions volontiers une collection trop importante puisque son importance impose aujourd'hui à son fils le regret de ne pouvoir la conserver.*

Etranger aux estimations commerciales, nous ne nous permettrons pas, en ce qui nous concerne, d'apprécier dans leur ensemble si varié les 1700 objets réunis par M. Adolphe Singher : la majeure partie, d'ailleurs, n'est déjà plus comprise dans ce catalogue.

Par contre, nous n'hésitons pas à dire que, pour les archéologues, M. Singher eut le grand mérite de retrouver et de sauver bon nombre de pièces de premier ordre, dont les origines et l'histoire, bien connues, augmentent la valeur. Qu'il nous suffise de citer, à titre d'exemples, la fameuse poutre sculptée bourguignonne, décrite et étudiée dans les Mémoires de la Commission des antiquités de la Côte-d'Or, *la ravissante porte sculptée du* Manoir des gens d'armes, *à Caen, les curieux poteaux-corniers d'une vieille maison de Château-Gontier, diverses cheminées provenant du Vieux-Mans, plusieurs vierges en pierre ou en terre cuite d'excellents styles, des rétables d'autel, des frises d'un travail très délicat, quantité de sculptures des époques romane et gothique, et même l'ossature complète des jolies voûtes de la chapelle de l'ancien manoir de la Selle.*

Nous dirons en outre, comme l'expression exacte de la vérité, que pendant plus de quinze années les collections de la Maison de la Reine Bérengère *ont été visitées par de nombreuses Sociétés Savantes françaises ou étrangères, par d'innombrables touristes, par de hautes notabilités scientifiques et politiques ; qu'elles ont même eu l'honneur de recevoir des visites princières, telles que celles de S. M. la Reine douairière d'Italie et de S. A. R. le Prince de Grèce, et qu'elles ont toujours excité un vif intérêt. Maintes fois, nous avons entendu d'éminents confrères étrangers déclarer que M. Adolphe Singher avait fait,* par sa seule initiative, *dans cette* Maison de la Reine Bérengère, *une œuvre véritablement exceptionnelle dont la Ville du Mans avait le droit d'être fière et le devoir de lui savoir gré.*

Ce n'est donc pas sans un sentiment de réelle tristesse que nous écrivons aujourd'hui la préface de ce catalogue de vente, que nous signalons à l'attention des amateurs les richesses artistiques qu'il énumère et que nous serions si heureux de voir rester au Mans, si leur dispersion n'était justifiée par les motifs les plus rationnels.

Deux considérations, au moins, atténuent nos regrets : la pensée que nous rendons ainsi un suprême hommage à M. Adolphe Singher, l'excellent ami qui a tant fait pour la gloire du Vieux-Mans, et l'espoir de contribuer à assurer à ses chères collections, en les présentant personnellement au grand public, un sort plus digne de leur incontestable intérêt.

ROBERT TRIGER

Président de la Société historique et archéologique du Maine ; Inspecteur général de la Société française d'archéologie ; correspondant de la Société nationale des Antiquaires de France et de l'Académie royale d'archéologie de Belgique

Le Mans, 26 mars 1912.

MAISON [illegible]

MAISON Dite **DE LA REINE BÉRENGÈRE**

LE JARDIN

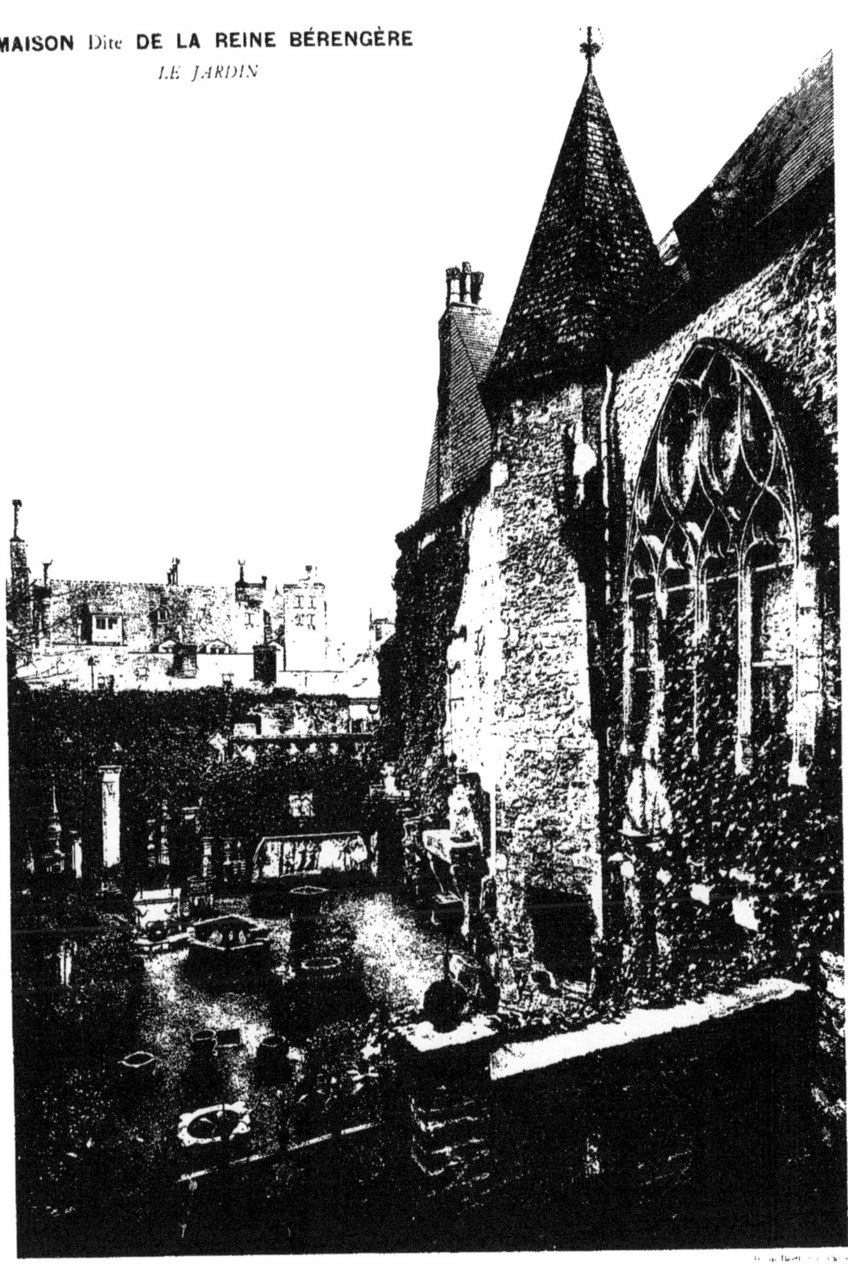

PREMIÈRE VACATION

LE LUNDI 27 MAI 1912

à deux heures

TOUS LES OBJETS

PLACÉS

DANS LES COURS ET LE JARDIN (1)

LA DOUBLE VOUSSURE GOTHIQUE

DISPOSÉE DANS UNE CAVE

LA POUTRE SCULPTÉE DU XVe SIÈCLE

INSTALLÉE DANS UNE CHAMBRE

1° Petite Cour (2)

493 — DEUX GRANDS MOTIFS d'architecture en pierre sculptée à décor d'arcatures trilobées à fond plein. XVe siècle.

Haut., 1 m. 35 cent.; larg. de chaque, 85 cent.

494 — DEUX GRANDES COLONNES en marbre gris veiné de blanc.

495 — STATUE en pierre sculptée, présentant un personnage cuirassé et casqué, tenant un singe. XVIe siècle.

---

(1) Les objets ont été catalogués dans l'ordre où ils se trouvent placés dans les cours et le Jardin. Ils seront vendus très vraisemblablement en suivant cette disposition.

(2) La numération fait suite au Catalogue de la Vente faite à Paris les 20, 21, 22 et 23 Mai 1912.

496 — GROSSE CHAUVE-SOURIS en pierre sculptée.

497 — BUSTE de sainte femme couronnée en pierre sculptée. XVIe siècle.

498 — DEUX GRANDS MONTANTS de charpente de maison en chêne. XVe ou XVIe siècles.

499 — GRILLE rectangulaire disposée en porte. Elle est composée de croisillons formant des carrés réguliers.

Haut., 1 m. 82 cent.; larg., 75 cent.

(Dans la cour, à l'entrée de la salle des pierres.)

500 — GRILLE de balcon en fer forgé, formée de croisillons et ornée de quatre dragons ailés.

Haut., 1 m. 40 cent.; larg., 1 m. 5 cent.

2° Dans la Cour principale

501 — QUATRE COLONNES doubles cylindriques unies, disposées sur des bases moulurées et surmontées de chapiteaux feuillagés. XIVe siècle.

Haut., 2 m. 30 cent.; larg. du chapiteau, 60 cent.

502 — CORBEAU orné d'une tête de loup en pierre sculptée. XIVe siècle.

503 — BUSTE de personnage en pierre sculptée. XVIe siècle.

504 — ÉPI de faitage en pierre sculptée, en forme de monument quadrangulaire surmonté d'une boule. XVIe siècle.

505 — PINACLE en pierre sculptée, ornementé de feuillage. XVe siècle.

506 — TRÈS GRAND MONTANT en pierre sculptée, composé d'un faisceau de colonnettes, posé sur une base ornée de feuillage et de personnages et surmonté d'un chapiteau feuillagé. XIVe siècle.

Haut., 2 m. 75 cent.

507 — Deux poteaux-corniers en chêne sculpté ; l'un est orné d'une femme debout, vêtue d'un curieux costume de l'époque, et tenant un poisson ; l'autre présente un chat placé au-dessus d'un écusson armorié chargé d'une fleur de lis et de deux rosaces. Fin du xve siècle.

Haut., 3 mètres.

(Proviennent d'une maison de Château-Gonthier.)

Publiés par M. G. Bouet : Croquis et dessins de monuments du Maine.

Revue historique du Maine, 1876. Page 636.

508 — Grande cheminée Renaissance en pierre sculptée. Le bandeau est orné sur la face de sept rosaces dont quatre à décor de palmettes, et trois présentant des écussons armoriés ; et sur chacun des côtés de deux rosaces à palmettes.

Les montants moulurés sont ornés de pointes de diamants et surmontés de consoles en S ; ils sont ornés également sur les côtés de rosaces feuillagées. xvie siècle.

(Reproduite sur la couverture du Catalogue.

Haut., 2 m. 50 cent. ; larg., 2 m. 58 cent.

(Provient d'une maison du Mans.

N° 507

N° 507

509 — Grille à deux vantaux en fer sculpté, motifs d'entrelacs et de fleurs de lis. Fin du xve siècle.

Haut., 2 mètres ; larg., 1 m. 05 cent.

(A l'entrée de la salle Renaissance.)

510 — Grille de fenêtre en fer forgé, à motif de croisillons et de médaillons. Elle est surmontée d'un fronton en fer repoussé présentant un médaillon-buste d'homme casqué, de profil à droite, accosté de deux chimères et surmonté d'un vase. xvie siècle.

Haut., 1 m. 55 cent. ; larg., 75 cent.

511 — PARTIE de grille en fer forgé à motifs de médaillons ovales accouplés deux à deux. XVe siècle.

Haut., 2 m. 30 cent.; larg., 1 m. 25 cent.

512 — GRILLE en fer forgé à motifs de croisillons formant des losanges et de rosaces séparés par une bande de même métal découpé soutenant une serrure également en fer forgé. XVIe siècle.

Haut., 2 m. 15 cent.; larg., 1 m. 15 cent.

(A la porte du couloir.)

513 — GROUPE en pierre sculptée, présentant un cavalier passant vers la droite. XVIe siècle.

Haut., 1 m. 40 cent.; larg., 95 cent.

Il est supporté par une base formée de cinq colonnettes unies à chapiteaux ornementés.

Haut. de la base, 1 m. 10 cent.

514 — GRILLE en fer forgé, à décor de croisillons disposés en losanges. Elle est surmontée d'une partie cintrée à double enroulement. XVIe siècle.

Haut., 1 m. 93 cent.; larg., 92 cent.

(Allant à la porte du deuxième jardin.)

515 — PETITE GRILLE cintrée à deux vantaux. Décor de croisillons carrés. XVIe siècle.

Haut., 1 m. 28 cent.; larg., 85 cent.

(Devant la niche sous le portail.)

516 — STATUETTE en pierre sculptée, avec traces de polychromie, présentant sainte Catherine accompagnée de ses attributs. XVe siècle.

Haut., 87 cent.

(Dans la niche.)

3° Dans le Grand jardin.

517 — ENCADREMENT de porte gothique formé d'une ouverture à arcature surbaissée à grosses moulures, surmontée d'un gâble orné de feuilles frisées et terminé par un fleuron. Les deux montants qui accostent la porte de chaque côté sont terminés par deux clochetons gothiques. XVe siècle.

Haut. totale, 3 m. 65 cent. environ; larg., 1 m. 85 cent.

(*Provient du Château de La Selle, près du Mans.*)

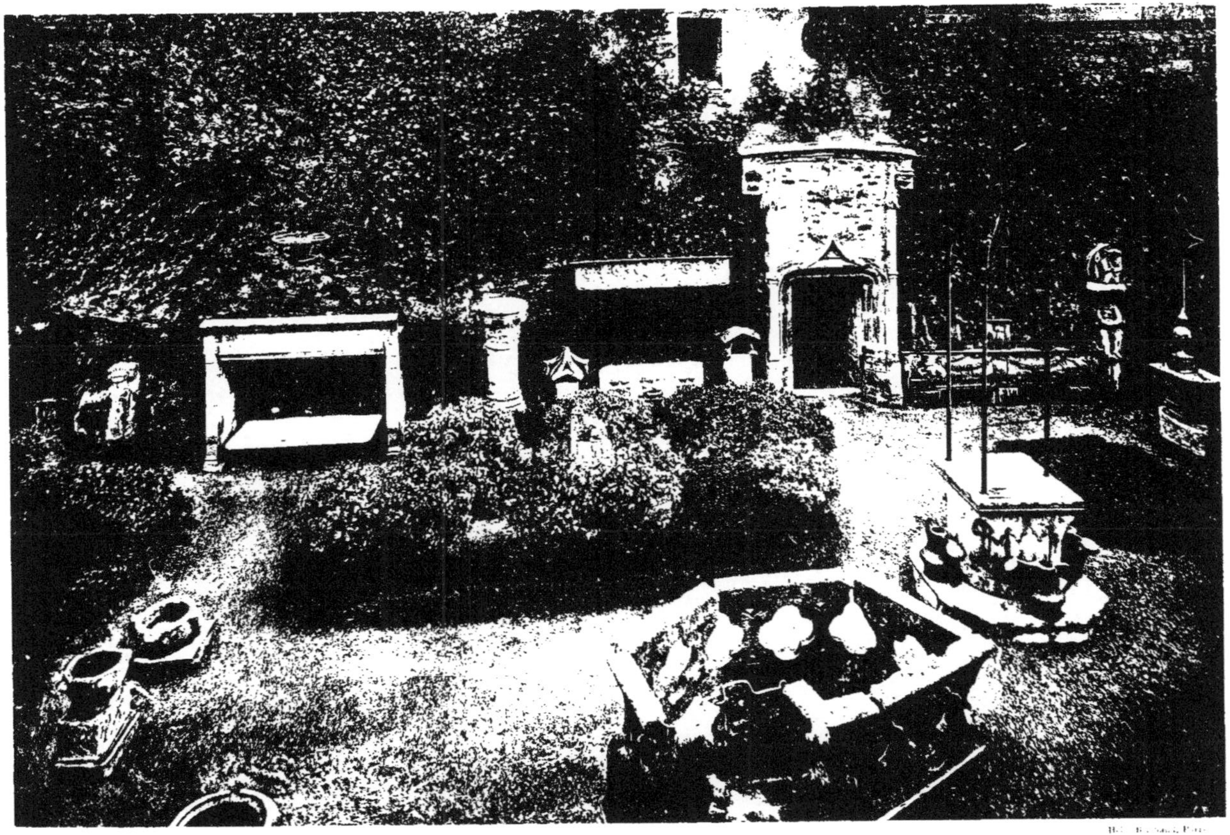

MAISON Dite **DE LA REINE BÉRENGÈRE**

LE JARDIN

En suivant contre le mur à droite :

518 — Fut de colonne formé d'un faisceau de petites colonnettes unies, XIVe siècle.

Haut. environ, 90 cent.

519 — Fragment d'arcature gothique à jour, formée de la partie supérieure d'une rosace trilobée, XVe siècle.

Haut., 35 cent.; larg., 60 cent.

520 — Fragment d'arcature gothique à jour, formée de la partie supérieure d'une rosace, XVe siècle.

Haut. 50 cent. environ.

521 — Trois petits fragments de pilastres, ornés de grosses moulures, XIVe siècle.

522 — Frise rectangulaire, provenant d'un linteau de porte. Elle présente au centre un écusson bordé de perles soutenu par deux amours ailés et de chaque côté, des rinceaux stylisés et des mascarons posés sur des vases. Pierre d'Istrie. Italie, XVIe siècle.

Haut., 13 cent.; long., 2 m. 10 cent.

523 — Partie de chéneau en pierre sculptée, ornée de trois très gros mascarons à figures humaines ayant servi de gargouilles. Fin du XVe siècle.

Haut., 47 cent.; larg., 1 m. 35 cent.

524 — Grosse colonne. Elle est formée d'une base octogonale moulurée, supportant un fût de colonne uni surmonté par un gros chapiteau rond orné de feuillages disposés en couronne sur deux rangs superposés. XIIIe siècle.

Provient de Viroin (Sarthe.)

Haut., 1 m. 80 cent.

525 — CHEMINÉE Renaissance en pierre sculptée. Le bandeau présente, au centre, deux génies soutenant un écusson armorié, et accompagnés de chaque côté d'une course de rinceaux feuillagés ornés de têtes de chevaux et de listels suspendus à des rubans. Les montants sculptés également en bas-relief présentent des trophées et des mascarons. Ils sont surmontés de deux chapiteaux feuillagés. XVIe siècle.

Haut., 1 m. 75 cent., larg., 2 m. 27 cent.

526 — PENDENTIF d'architecture en pierre sculptée, présentant une couronne de feuilles à laquelle est suspendu un motif feuillagé orné d'écussons armoriés. XVIe siècle.

Haut., 65 cent.; diam., 65 cent. environ.

527 — GRAND CORBEAU d'angle à face arrondie. Il est orné d'une tête grimaçante. Commencement du XVIe siècle.

Haut., 1 m. 30 cent.

528 — FRAGMENT de pierre tombale de forme rectangulaire. Elle est ornée de croisettes sculptées en relief. XVe siècle.

Haut., 80 cent.; larg., 50 cent.

529 — CLAVEAU en pierre. Il est orné sous la moulure d'une grosse feuille crispée et sculptée en haut relief. XIVe siècle.

530 — POTENCE en fer forgé, ornée de rinceaux et supportant une enseigne de serrurier formée d'une plaque découpée, ornée de deux clés peintes disposées en sautoir. XVIIIe siècle.

531-532 — MOULIN en pierre sculptée de forme circulaire. — PETIT FRAGMENT de colonnette. — TÊTE en pierre. — FRAGMENT de clocheton, etc. — DIFFÉRENTES petites sculptures en pierre de différentes époques.

533 — ENCADREMENT de porte en pierre, de forme rectangulaire. Il ne présente comme décoration que des moulures unies. XVIe siècle.

Haut. environ 1 m. 90 cent.; larg. totale, environ 1 m. 70 cent.

534 — Fragment de frise, composé de trois morceaux. Ils sont ornés, celui du centre d'un écusson armorié inscrit dans une rosace et les deux autres de rinceaux stylisés. xvie siècle.

Haut. environ 45 cent. ; larg. totale environ 1 mètre.

535 — Statuette en terre cuite peinte en blanc de saint personnage debout, vêtu d'une tunique plissée. Fin du xvie siècle.

Haut., 1 m. 12 cent.

536 — Corbeau en pierre sculptée, présentant deux animaux combattant. Époque romane.

537 — Différents morceaux de pierre sculptée provenant d'une balustrade à fond plein. — Gâble. — Base de colonne, etc. xive et xve siècles.

538 — Sarcophage en pierre, de forme irrégulière. Époque romaine.

Haut., 1 m. 90 cent. ; larg. 70 cent.

(Provenant d'Allonnes près du Mans.)

539 — Autel romain en forme de monument quadrangulaire en marbre blanc. Il présente sur la face une inscription latine. Encadrement mouluré.

Haut., 72 cent. ; larg., 55 cent.

540 — Louve en terre cuite.

Long., 95 cent.

(Provenant de Louplande, près du Mans.)

541 — Cloche en bronze. Elle est ornée au pourtour d'une inscription en lettres gothiques. xve siècle.

Diam., 33 cent.

542 — Grille monumentale à deux vantaux. Elle est formée de divers ornements composés de volutes juxtaposées et de motifs géométriques disposés en quatre bandes verticales à chaque vantail et séparées par des montants unis. Elle est surmontée d'une rangée de sept épis formés d'un bouquet de feuilles retenu par un anneau ornementé. Ancien travail espagnol, en partie du xvie siècle.

Haut. totale, 3 m. 20 cent. environ ; larg., 2 m. 50 cent.

543 — GRILLE de clôture formée de montants et de traverses tordus, en fer forgé et disposés en croisillons réguliers. Ancien travail espagnol, XVIe siècle.

Haut., 1 m. 30 cent. environ; larg., 1 m. 60 cent.

544 — PORTE à un vantail, formée d'une grille en fer forgé. Elle est décorée également de motifs présentant des volutes et des motifs géométriques disposés en bandes verticales. Travail espagnol, en partie du XVIe siècle.

(Elle est analogue à la grande grille à deux vantaux décrite précédemment, n° 542.)

Haut., 1 m. 95; larg., 80 cent.

545 — PETITE GRILLE de clôture en fer forgé. Elle est formée de tiges rondes se croisant et offrant des carrés réguliers. Au centre, le monogramme *A M* surmonté d'une couronne. XVIIe siècle.

Haut., 90 cent.; larg., 95 cent.

(Ces grilles forment les portes et les clôtures de la façade sur la rue.)

546 — STATUETTE en pierre, présentant sainte Catherine debout, tenant un glaive de la main droite et une palme de la main gauche. La roue est à ses côtés. XVIe siècle.

Haut. 90 cent.

547 — FRAGMENT de colonne en pierre, formé d'un faisceau de petites colonnettes moulurées. Elle est surmontée d'un plateau en pierre rectangulaire servant de support. XIVe siècle.

Haut. totale, 1 m. 10 cent. environ.

548 — STATUETTE en pierre sculptée, présentant sainte Marthe debout, couronnée, tenant une palme de la main gauche et le dragon enchaîné à ses pieds. XVIe siècle.

Haut., 1 mètre.

549 — FRAGMENT de colonne en pierre, formé d'un faisceau de petites colonnettes moulurées. Elle est surmontée d'un plateau en pierre servant de support. XIVe siècle.

Haut., 1 m. 10 cent. environ.

550 — DEUX PETITS FRAGMENTS de bas-relief en marbre blanc, à personnages. Époque romaine.

551 — Quatre haut reliefs en pierre sculptée, présentant chacun deux bustes accolés d'homme et de femme. xvie siècle.

552 — Très grande cloture de baie en pierre sculptée, de forme ogivale. Elle présente quatre arcatures trilobées, séparées par des meneaux moulurés, surmontées de deux rosaces ovales également trilobées. xive siècle.

Haut., environ 5 mètres ; larg., environ 3 m 50 cent.

553 — Grille en fer forgé, de forme rectangulaire, à un pan coupé. Elle est formé de baguettes se croisant à intervalles réguliers. La partie centrale est évidée pour disposer un judas. Ancien travail espagnol.

Haut., 90 cent. ; larg., 85 cent.

554 — Fragment de gargouille en pierre sculptée, présentant un animal grotesque.

555 — Fragment de corniche, présentant un lion couché. xve siècle.

Long., 80 cent.

556 — Grande gargouille en pierre sculptée, présentant un animal fantastique, les pattes repliées sous le corps. xive siècle.

Long., 2 mètres.

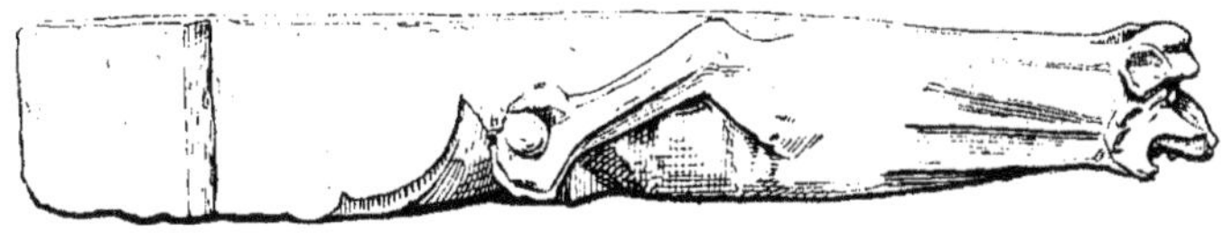

N° 556

557 — Fragment de pilastre, orné d'une cariatide de femme sculptée en haut relief. xvie siècle.

Haut., 1 m. 5 cent.

558 — Fragment de gargouille en pierre présentant un animal fantastique, les pattes repliées sous le corps. xive siècle.

559 — PILASTRE en pierre sculptée de forme quadrangulaire. Il est orné sur la face d'un bouquet de fruits et d'écussons armoriés suspendus à des rubans. Encadrement mouluré. XVIe siècle.

Haut., 1 m. 5 cent.

560 — VOLET de fenêtre à quatre compartiments en bois ; il est muni de très nombreuses pentures, charnières, verrous, targettes en fer découpé. Flandres, fin du XVe siècle.

Haut., 1 mètre ; larg., 1 m. 25 cent.

561 — SUPPORT de poulie en fer forgé en forme de coq. XVIIe siècle.

Long., 40 cent.

562 — CHEMINÉE en pierre. Le bandeau est mouluré et décoré au centre d'un écusson armorié inscrit dans une couronne de feuilles sur un ruban portant les initiales *G. M.* et la date : *1602*. Les montants sont en forme de consoles, ornés sur la face de motifs géométriques, et sur les côtés de rinceaux et d'arabesques. Commencement du XVIIe siècle.

Haut., 1 m. 85 cent.; larg., 2 m. 20 cent.

563 — GARGOUILLE en pierre sculptée, présentant un animal fantastique dont le corps se termine en queue de poisson. XIVe siècle.

Long., 1 m. 30 cent.

564 — GARGOUILLE en pierre unie de forme rectangulaire à déversoir saillant.

565 — GROSSE BASE de colonne en pierre, à coins coupés. XIIe siècle.

566 — ÉPI de faitage en fer forgé. Il est orné de quatre fleurettes stylisées surmontées de petits drapeaux et d'une tige centrale munie d'un drapeau et terminée par une fleur de lis. XVIe siècle.

Haut., 1 m. 75 cent. environ.

567 — Contre le mur, différents corbeaux et fragments de corniche en pierre sculptée présentant des ornements feuillagés, une tête d'oiseau, un personnage grotesque.

Ce dernier sert de support à une croix en fer forgé surmontée d'un coq.

568 — Potence en fer forgé, et fleur de lis en fer forgé et repoussé provenant de la décoration d'un faîtage.

569 — Chapiteau d'applique à cinq pans unis, décoré d'une couronne de grosses feuilles fouillées et ajourées présentant des feuillages crispés. XIIIe siècle.

Haut., 44 cent.

570 — Deux gros chapiteaux en pierre sculptée. Ils sont ornés de feuilles d'acanthe superposées. XVIe siècle.

Haut., 37 cent.

571 — Trois chapiteaux en pierre sculptée, décor de palmettes. XIVe siècle.

Haut., 25 cent., 22 cent., 20 cent.

572 — Gros chapiteau de colonne engagée. Il est décoré de motifs géométriques formés de bandes perlées terminées par des feuillages crispés et de deux têtes, l'une humaine, l'autre d'animal fantastique. Époque romane.

Haut., 43 cent.

573 — Trois chapiteaux en pierre sculptée. Ils sont décorés de feuilles variées. XIIIe et XIVe siècles.

574 — Fragment de pilastre, formée de petites colonnettes engagées en pierre sculptée. XIIIe siècle.

Haut., 1 m. 10 cent.

575 — Médaillon circulaire, présentant dans une moulure ornementée une figurine de saint personnage agenouillé. Fin du XVe siècle.

Diam., 55 cent.

576 — STATUE en pierre sculptée, présentant un saint évêque assis mitré, revêtu de ses vêtements sacerdotaux. XVIe siècle.

Haut., 1 m. 50 cent. environ.

577 — LINTEAU de porte, ornée d'un écusson armorié, présentant trois merlettes perchées sur une branche. XVIe siècle.

(*Provient du Mans.*)

578 — FRAGMENT de chapiteau feuillagé. XVe siècle.

579 — TRÈS GRANDE PARTIE de tympan en pierre sculptée en bas-relief, présentant une composition à huit personnages : Scène de la vie du Christ. Sur la partie gauche les personnages paraissent sortir d'une prison. XVIe siècle.

Haut., 1 m. 15 cent.; larg., 3 m. 15 cent.

580 — CORBEAU en pierre sculptée, présentant une tête humaine surmontée de deux bras. XIVe siècle.

581 — FRAGMENT de bas-relief en pierre sculptée, présentant un saint personnage agenouillé devant un monument ; le tout disposé sous une arcature à clochetons gothiques et à fenestrages. XVe siècle. (Très mutilé.)

Haut., 70 cent.; larg., 70 cent.

582 — COQ de clocher en fer forgé. XVIe siècle.

583 — CROIX en pierre sculptée et découpée à branches fleuronnées. Elle présente d'un côté en bas-relief la Vierge debout, tenant l'Enfant Jésus. Fin du XVe siècle.

584 — QUATRE FRAGMENTS en pierre sculptée, provenant de parties supérieures de colonnettes à motifs décoratifs gothiques.

585 — POTENCE en fer forgé. Elle est ornée d'un motif décoratif à crochets feuillagés, surmonté d'une croix.

586 — PARTIE DE CLÉ de voûte de forme circulaire, ornée d'une couronne de feuilles d'acanthe juxtaposées, de cannelures et d'une guirlande feuillagée. XVIe siècle.

587 — Épi de faitage en fer forgé, formé d'un bouquet de quatre fleurs de lis et surmonté d'une tige ornée d'un étendard découpé fleurdelisé et timbré d'une couronne.

Haut. : 2 m. 10 cent.

588 — Canon en fonte.

589 — Statuette de saint personnage debout, drapé et tenant un livre. Pierre sculptée, avec traces de polychromie. xve siècle.

Haut., 70 cent.

590 — Groupe d'applique en pierre, présentant sainte Anne et la Vierge ; sur la base, un écusson armorié. xive siècle.

591 — Différents fragments de pierre sculptée, consoles, bases de colonnettes, etc.

592 — Épi de faitage en plomb. Il est formé d'un balustre godronné, reposant sur une base quadrangulaire ornée de mascarons à têtes de lion. La partie supérieure est ornée d'un rang de feuilles découpées surmonté d'une boule ornée de mascarons et surmontée d'une fleurs de lis. xviie siècle.

Haut., 1 m. 45 cent.

593 — Grand épi de faitage en plomb, présentant un balustre orné de quatre consoles à jour et posé sur une base quadrangulaire ornée de têtes de lion. Il est surmonté d'un drapeau.

Haut. environ : 2 m. 10 cent.

594 — Deux petits épis de faitage en plomb, formés d'un balustre godronné posé sur une base rectangulaire décorée de têtes de chérubins. xviie siècle.

Haut., 80 cent.

595 — Montant de cheminée, formé d'une colonnette engagée unie, surmontée d'un chapiteau feuillagé supportant une console ornée d'une tête de femme voilée. xve siècle.

Haut., 1 m. 72 cent.

596 — Grosse et grande colonne unie à huit pans. Elle repose sur une base moulurée et est surmontée d'un chapiteau à larges feuilles unies supportant des volutes. Époque romane.

Haut., 3 m. 25 cent.

(*Provenant de l'ancien hôpital des Ardents au Mans.*)

597 — Différents montants en pierre sculptée, d'époques et de modèles variés.

598 — Croix en fer forgé. Elle est montée sur une tige quadrangulaire unie, formée de motifs gothiques à arcatures. xve siècle.

Haut., environ : 3 m. 45 cent.

599 — Statuette d'applique en pierre sculptée, présentant le Christ assis, les mains liées devant le corps. Il est couronné d'épines. Fin du xve siècle.

Haut., 95 cent.

600 — Claveau en pierre, présentant un personnage sauvage armé d'une massue. xiiie siècle.

601 — Potence en fer forgé à motifs de rinceaux et de vrilles.

602 — Enseigne en fer forgé et repoussé formant gargouille. Elle simule un animal fantastique, la gueule ouverte, le dard avancé.

Long., 1 m. 45 cent.

603 — Grande frise en pierre sculptée, provenant d'un linteau de porte. Elle est décorée de deux figures d'enfants nus soutenant une guirlandes de feuilles et de fruits à laquelle est suspendu un écusson. Commencement du xviie siècle.

Haut., 55 cent.; long., 2 m. 87 cent.

604-605 — Différents clochetons, pinacles et base de colonnette en pierre sculptée. xiiie et xive siècles.

606 — Deux épis en fer forgé et repoussé, à motifs de feuilles stylisées.

607 — Deux très grands chapiteaux d'applique en pierre sculptée, l'un est décoré de larges feuilles unies, et l'autre d'un rang de feuilles d'acanthe supportant des têtes d'animaux fantastiques. Époque romane.

608 — Très gros chapiteau en pierre sculptée. Il est orné d'un rang de feuilles d'acanthe supportant des motifs feuillagés terminés en crochets. La partie supérieure a été évidée et formait bénitier. xiie siècle. (Provient du Mans.)

609 — Partie supérieure d'un pilier supportant les bases d'un faisceau de colonnettes qui formaient une voussure. xive siècle.

610 — Margelle de puits de forme quadrangulaire. Elle est ornée d'une moulure de torsades et de pointes de diamant supportée par des arcatures trilobées. La base est ronde et unie, elle est ornée d'un côté d'un écusson armorié surmonté d'une inscription portant la date de M CCCC XXX IIII. Elle est surmontée d'une poulie supportée par une arcature à trois branches ornée de volutes en fer forgé.

611 — Bénitier en pierre de forme quadrilobée. Il est orné à l'extérieur de motifs géométriques et d'une bordure de rinceaux. xive siècle.

(*Provenant de Breuil* (*Sarthe.*)

612 — Petite vasque en pierre de forme circulaire. Elle est munie de deux anses d'attache et de deux déversoirs. xvie siècle.

Diam., [illegible] cent.

613 — Petite vasque de forme octogonale. Elle est ornée sur ses côtés de quatre mascarons à tête humaine. xve siècle.

614 — Petite vasque hexagonale en pierre moulurée. Elle est ornée sur les côtés de deux parties saillantes en forme de disque simulant des anses.

615 — Grande vasque de forme octogonale; l'extérieur uni est orné de moulures et de quatre têtes humaines disposées aux angles. xvie siècle.

616 à 618 — Différents fragments de pierre, montants, fragments de colonnettes, clochetons, animaux, etc.

619 — Vasque de forme ovale décorée au pourtour de gros godrons saillants. xvie siècle.

Grand diam., 70 cent.

620 — Groupe d'applique en pierre sculptée, avec traces de polychromie, présentant sainte Anne éduquant la Vierge. xve siècle.

(Ce groupe est encastré dans une niche aménagée dans le mur de la maison.)

4e Crypte (disposée dans une cave du Bâtiment)

621 — Double voussure gothique, composée de deux travées carrées formées par des arcatures à plein cintre sur les faces latérales et par des arcatures ogivales sur les autres côtés.

Des arcs-ogives moulurés, partant de chacun des angles et reposant sur des consoles feuillagées, s'entrecroisent au milieu de la voûte.

(*Provient du château de la Selle.*)

Les arcs-doubleaux et les arcs-ogives moulurés du xive siècle ont été réappliqués sur les murs et la voûte de la cave. Ils peuvent se déposer facilement.

Long. totale, 5 mètres environ ; larg. totale, 2 m. 50 cent. environ.

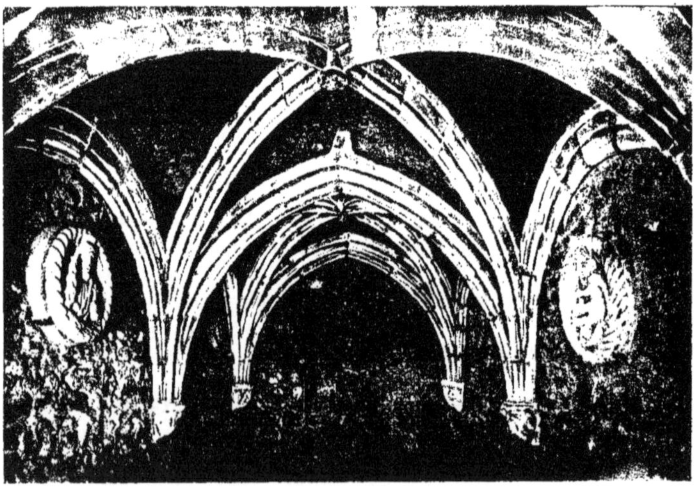

No 621

622 — Cinq médaillons de diamètres variés en pierre tendre. Ils présentent la Vierge et l'Enfant, l'Agneau mystique, Dieu le Père bénissant et un saint personnage tenant un livre. Art italien.

(Ces médaillons sont disposés entre les arcatures de la voussure précédente et scellés dans le mur.)

5° Grosse poutre sculptée du xve siècle

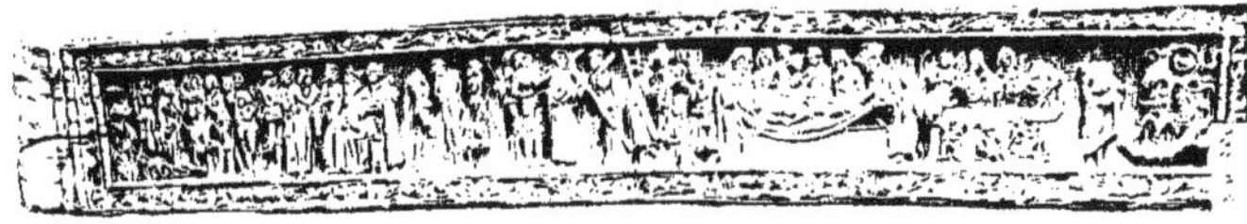

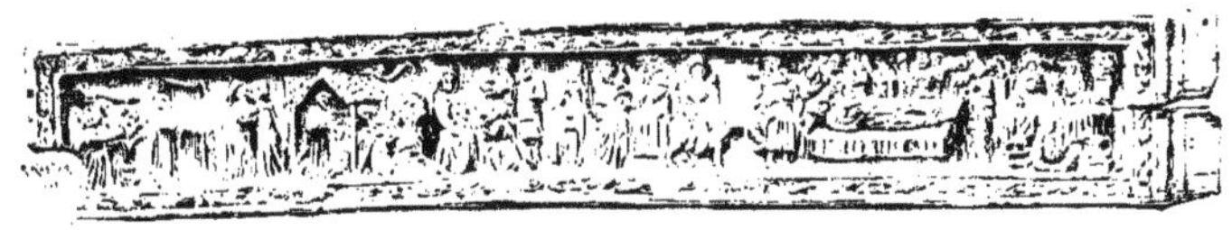

623 — Grande poutre sculptée sur les deux faces. Elle présente d'un côté une série de bas-reliefs à nombreux personnages à sujets tirés de la Vie du Christ : *Le Jardin des Oliviers. Le Baiser de Judas. Jésus devant Caïphe. La Flagellation. Le Portement de croix. La Déposition de la croix. La Mise au tombeau. Les Saintes Femmes au Sépulcre. La Descente aux Limbes.*

L'autre côté est orné de scènes de la vie de la Vierge : *La Salutation Evangélique. La Visitation. La Nativité. L'Adoration des Mages. La Circoncision. La Fuite en Egypte. La Mort de la Vierge. Le Couronnement de la Vierge.*

Cette frise est encadrée de chaque côté par une moulure ornée de pampres de vigne entremêlés de banderoles. xve siècle.

(*Provient de Semur-en-Auxois.*)

Long., 5 mètres ; haut., 75 cent., épais., 40 cent.

Cette poutre, *trabes*, décorait vraisemblablement le chœur d'une église. Voir Viollet-le-Duc, Dictionnaire de l'Architecture.

Publiée dans le compte rendu des travaux de la commission des Antiquités du département de la Côte-d'Or, tome 13, fascicules 1, 2, 3, années 1895-1899. Page LVII.

Mémoires de la Commission des Antiquités du département de la Côte-d'Or. Tome 13, 4e fasc. 1899-1900. Page 257.

DEUXIÈME VACATION

LE MARDI 28 MAI 1912

à deux heures

SCULPTURES EN PIERRE

STATUES, GROUPES, BAS-RELIEFS
MOTIFS D'ARCHITECTURE, CHEMINÉES

BOIS SCULPTÉS, TERRES CUITES
OBJETS DIVERS

624-625 — Deux fragments de très gros chapiteaux en pierre sculptée en bas-relief, présentant deux mascarons soutenus par des animaux dressés et affrontés. Époque romane.

Haut., 66 cent.; larg., 63 cent.

626 — Statuette de saint personnage, vêtu d'une robe à capuchon, tenant un livre et une hampe. Pierre sculptée. xve siècle.

627 — Fragment de devant d'autel sculpté en bas-relief. Il présente au centre la Vierge assise, tenant l'Enfant Jésus, et de chaque côté des anges céroféraires et des saints personnages tenant leurs attributs. A la partie supérieure, arcature gothique ornementée. xve siècle.

Haut., 51 cent.; larg., 95 cent.

628 — Grand bas-relief en pierre sculptée, avec traces de polychromie, présentant le Christ en croix entre la Madeleine et saint Jean, disposé sous une large arcature gothique fleuronnée surmontée elle-même de fenestrages et de deux écussons armoriés. xve siècle.

Haut., 1 m. 30 cent.; larg., 63 cent.

629 — Le Christ en croix et les deux larrons (trois pièces en pierre). xvie siècle.

630 — Devant d'autel en pierre. Il est orné de cinq compartiments peints présentant des scènes tirées de la Vie du Christ. xve siècle.

Haut., 65 cent.; long., 1 m. 50 cent.

631 — Statuette en pierre sculptée et polychromée, présentant l'Immaculée-Conception. xvie siècle.

Haut., 1 m. 05 cent.

632 — Statuette à mi-corps de sainte Agathe couronnée, tenant une palme de la main gauche. Fin du xve siècle.

Haut., 70 cent.

633 — Statuette en pierre sculptée, présentant un saint évêque debout mitré, tenant la hampe d'une crosse de la main gauche et bénissant de la main droite. xvie siècle.

Haut., 1 m. 12 cent.

634 — Statuette incomplète en pierre sculptée, présentant la Vierge vue à mi-jambes tenant devant elle l'Enfant Jésus. Fin du xvie siècle.

Haut., 85 cent.

635 — Console en pierre sculptée, formée d'un chapiteau d'applique orné de feuilles d'acanthe.

Haut., 40 cent.; larg., 36 cent.

636 — Petite pierre tombale sculptée, présentant deux gisants : un homme et une femme couchés l'un à côté de l'autre, les mains croisées, les pieds posés sur des chiens. Fin du xve siècle.

Haut., 90 cent.; larg., 50 cent.

637 — Deux fragments de haut relief en pierre sculptée, avec traces de polychromie; l'un présente le Christ mort étendu sur les genoux de la Vierge accompagnée de saint Jean et de la Madeleine; l'autre représente la Crucifixion. xve siècle.

638 — Deux culs-de-lampe en pierre sculptée; l'un présente un angelot et l'autre un griffon. xvie siècle.

639 — Deux montants en pierre sculptée, présentant des bustes-appliques accostés de fines colonnettes engagées surmontées de têtes de chérubins. xvie siècle.

Haut., 40 cent.; larg., 40 cent.

640 — Casque et deux gantelets en pierre sculptée, provenant d'une armoirie. xve siècle.

641 — Groupe en pierre sculptée, avec traces d polychromie, présentant la Vierge debout, couronnée, drapée dans un ample manteau, tenant sur son bras droit l'Enfant Jésus auquel elle présente une poire de la main gauche. Travail français du commencement du xvie siècle.

Haut., 1 m. 33 cent.

642 — Buste en pierre sculptée, présentant un personnage casqué. xvie siècle.

643 — Groupe en pierre sculptée, présentant la Vierge debout, drapée dans un ample manteau et maintenant l'Enfant Jésus avec ses deux bras. Style de Germain Pilon, xvie siècle.

Haut., 1 m. 13 cent.

644 — Statuette en pierre sculptée, avec traces de polychromie. Sainte femme debout, drapée dans un ample manteau dont elle retient un pan sous son bras droit. Elle tient un livre de la main gauche. xvie siècle.

Haut., 1 mètre.

645 — Clef de voûte, orné de personnages et de mascarons. xvie siècle.

646 — Clef de voûte en pierre sculptée. Elle est ornée d'un large mascaron accosté par des palmettes. xvie siècle.

647 — GROUPE en pierre sculptée, présentant le Christ nu debout, accompagné d'un personnage vêtu d'un riche costume, et coiffé d'un bonnet ornementé. Commencement du XVIe siècle.

Haut., 1 m. 5 cent.

648 — DEUX GRANDS CORBEAUX en pierre sculptée, présentant en très haut relief des têtes d'hommes et de femmes. XVe siècle.

649 — FRAGMENT de pierre tombale, présentant un personnage couché, la tête posée sur un coussin, vêtu d'une robe et d'un surcot et ayant à ses côtés un encensoir. XIVe siècle.

Haut., 35 cent.; larg., 55 cent.

650 — CLEF de voûte en pierre sculptée ornée d'un large médaillon présentant Jésus enfant assis sur une large stalle à dossier ornementé. Bordure formée de palmettes. Fin du XVe siècle.

Diamètre du médaillon, 80 cent.

651 — FRAGMENT de statue en pierre sculptée, présentant la Vierge debout, portant l'Enfant Jésus sur son bras gauche. XIVe siècle. (Incomplète.)

Haut., 85 cent.

652 — LION héraldique dressé et tenant un écusson. XVIe siècle.

Haut., 75 cent.

653 — BAS-RELIEF rectangulaire, présentant dans un médaillon mouluré un écusson d'armoiries. XVIe siècle.

Haut., 37 cent.; larg., 45 cent.

654 — BAS-RELIEF en pierre sculptée présentant un écusson d'armoiries timbré d'une couronne et soutenu par deux lions. XVIe siècle.

655 — DEUX COLONNES unies sur un socle quadrangulaire, surmontées d'un chapiteau ornementé d'une double couronne de feuilles. Marbre blanc. XVe siècle.

656 — BAS-RELIEF polychromé en stuc, présentant la Vierge assise tenant l'Enfant Jésus. Travail italien.

Haut., 60 cent.; larg., 45 cent.

657 — CROIX en pierre sculptée à double face. Elle est ornée d'un côté de la Vierge debout, portant l'Enfant Jésus, et du Christ en croix inscrit dans un médaillon quadrilobé. XVe siècle.

Haut., 75 cent.

100 658 — TRÈS GRAND HAUT RELIEF en pierre tendre en diverses parties. Il présente le Christ mort soutenu par saint Jean, ayant près de lui la Vierge en prières. Sur les côtés, deux autres saints personnages. Dans le fond en bas-relief, diverses scènes tirées de la vie du Christ : le Christ mené au supplice, la Crucifixion et les Trois Maries. Fond de bâtiments et de paysage. XVIe siècle. (Restauré.)

Haut., 1 m. 60 cent. ; larg. totale, 1 m. 75 cent.

659 — MÉDAILLON rond en pierre tendre sculptée en bas-relief, présentant un saint évêque bénissant deux personnages placés devant lui. XVIe siècle.

Diam. 38 cent.

140 660 — GRAND HAUT RELIEF rectangulaire en pierre sculptée, présentant une composition à nombreux personnages : Scène de l'histoire romaine, disposée sous un édifice à arcatures et colonnades. XVIe siècle.

Haut., 1 mètre ; larg., 85 cent.

661 — DEUX CORBEAUX D'ANGLE en pierre sculptée, décor de personnages. XVe siècle.

662 — STATUE de femme en pierre sculptée, en costume Renaissance. Fin du XVIe siècle.

Haut., 70 cent.

663 — CHAPITEAU en pierre sculptée, présentant un écusson d'armoiries chargé de deux épées en sautoir, et supporté par deux enfants nus. XVIe siècle.

664 — PILASTRE D'APPLIQUE en pierre sculptée, à motifs de clochetons, d'arcatures et de rosaces gothiques.

Haut. 45 cent.

665 — FRAGMENT de dais en pierre sculptée, à motifs de clochetons, de gâbles et d'arcatures gothiques.

666 — FÛT de colonne uni en marbre gris ; de forme cylindrique.

Haut., 1 m. 20 cent.

667 — TÊTE d'homme en pierre sculptée, du XVIe siècle.

Haut., 35 cent.

668 — STATUETTE de saint évêque debout et mitré, en pierre sculptée, avec traces de polychromie. XVe siècle.

Haut., 72 cent.

669 — FRAGMENT de frise en pierre sculptée, décor de sirènes ailées affrontées. XVIe siècle.

Larg., 80 cent.

670 — STATUETTE en pierre sculptée, présentant saint Jean debout. Fin du XVIe siècle.

Haut., 90 cent.

671 — GROUPE en pierre sculptée, présentant la Vierge debout drapée et voilée, tenant l'Enfant Jésus sur son bras gauche. XVIe siècle.

Haut., 1 m. 5 cent.

672 — MORTIER en pierre sculptée, présentant un écusson d'armoiries accosté de deux sirènes à corps de poisson. XVIe siècle.

Diam., 23 cent.

673 — BUSTE de personnage barbu en pierre tendre sculptée et polychromée. Fin du XVIe siècle.

Haut., 70 cent.

674 — FORT LOT de fragments d'architecture variés : clochetons, pinacles, gâbles, fleurons, bases de colonnettes, arcatures, rosaces, etc.

675 — Collection de claveaux, de fenêtres, et de voûtes à décor de rocailles variées. Quelques-uns présentent des écussons armoriés et l'un d'eux porte la date de 1770. Ils proviennent du Mans. (Environ dix-huit pièces.)

676 — Grande cheminée. Elle est composée d'un large bandeau, décoré d'une frise de cavaliers et d'hommes d'armes combattant. Les montants sont ornés de trophées guerriers et de mascarons sur la face et de grosses moulures sur les côtés. (Les montants ne paraissent pas se raccorder exactement à la traverse.) xvie siècle.

Haut. totale : 75 cent ; larg. environ. 2 m. 45 cent.

677 — Petite cheminée en pierre. Le bandeau et les montants sont unis, ornés simplement d'une moulure. Commencement du xvie siècle.

(Provient du château de la Selle.)

Haut., 1 m. 17 cent.; larg., 1 m. 70 cent.

678 — Cheminée à peu près semblable, provenant également du château de La Selle. Le bandeau est mouluré et de forme chantournée.

Haut., 1 m. 17 cent.; larg., 1 m. 70 cent.

679 — Quatre têtes humaines couronnées de feuilles et supportant des chapiteaux ronds à décor géométrique. Provenant de grandes cariatides. Fin du xvie siècle.

Haut., 83 cent.

680 — Grande statue de la Vierge debout, drapée et couronnée portant sur son bras gauche l'Enfant Jésus qui lui-même tient une pomme. Terre cuite. Fin du xvie siècle.

Haut., 1 m. 33 cent.

681 — Grande statue en terre cuite peinte en blanc, présentant la Vierge debout, portant sur son bras gauche l'Enfant Jésus. xvie siècle.

Haut., 1 m. 50 cent.

682 — Fragment de statue de sainte femme en terre cuite peinte en blanc. xvie siècle.

683 — Groupe, en terre cuite peinte en blanc, présentant la Visitation. xvie siècle.

Haut., 85 cent.

684 — Tête d'homme en terre cuite.

685 — Médaillon circulaire en terre cuite, offrant un buste de personnage imberbe de style antique, drapé. xvie siècle.

Diam., 58 cent.

686 — Statuette en terre cuite de jeune femme debout, tenant un livre.

Haut., 75 cent.

687 — Buste en terre cuite, de prélat barbu revêtu de ses insignes sacerdotaux. xviie siècle.

Haut., 56 cent.

688 — Groupe en terre cuite : La Vierge debout en costume de la fin du xvie siècle. Elle porte sur son bras droit l'Enfant Jésus. Fin du xvie siècle.

Haut., 1 m. 50 cent.

689 — Fragment de bas-relief en terre cuite, représentant la Mise au tombeau. xvie siècle.

Haut., 50 cent.; larg., 89 cent.

690 — Haut relief en terre cuite offrant une composition à nombreux personnages représentant la Nativité.

Haut., 40 cent ; larg., 1 m 35 cent.

691 — Différentes pièces en terre vernissée provenant de la région du Mans : épis de faîtage, fontaine, etc.

692 — Fontaine en faïence blanche ornée d'un écusson armorié Italie, xviie siècle.

693 — Deux cache-pots en terre vernissée.

694 — Grande jarre et amphore en terre cuite.

695 — Statuette en composition, présentant un philosophe drapé à l'antique, debout, ayant un livre à ses pieds.

Haut., 1 m. 30 cent.

696 — Statuette en bois de saint Sébastien nu, attaché à l'arbre. xve siècle.

Haut., 1 m. 35 cent.

697 — Statuette de sainte femme debout, vêtue d'un manteau, tenant une branche feuillagée dans la main gauche. Bois sculpté peint en blanc. xviie siècle.

Haut., 82 cent.

698 — Statuette de saint Antoine en bois sculpté peint. xviie siècle.

Haut., 95 cent.

699 — Statuette en bois sculpté et polychromé, présentant un saint personnage debout et drapé, le bras droit avancé.

Haut., 1 m. 70 cent.

700 — Statue en bois sculpté et polychromé de saint évêque debout et mitré. Il est vêtu d'une chape peinte en rouge. xviie siècle.

Haut., 1 m. 95 cent.

701 — Fragment de charpente de maison, pan de bois à quatre faces terminé à la partie inférieure par un gros masque grimaçant. xve siècle.

702 — Différentes parties de charpente en bois sculpté, orné de fleurons. xve siècle.

703 — Grand pied de lutrin en fer forgé à tige ronde, maintenue par trois consoles à volutes ajourées formant le piètement.

Haut., 1 m. 80 cent.

704 — Plaque de cheminée en fonte, à décor d'écussons armoriés.

705 — Coffre en bois plaqué de fer noirci. Il est orné au revers du couvercle d'une volumineuse serrure fermant au moyen de nombreux pênes. xviie siècle.

www.ingramcontent.com/pod-product-compliance
Ingram Content Group UK Ltd.
Pitfield, Milton Keynes, MK11 3LW, UK
UKHW020458180726
13839UKWH00004B/1831